W0373465

GENIESSER BIBLIOTHEK

CHAMPAGNER UND SPUMANTE

Vom Geheimnis der feinen Perle im Wein

Patrizia Cantini

Deutsch von Susanne Bunzel

FLECHSIG

Die italienische Originalausgabe ist
bei Nardini Editore in Florenz/Italien
unter dem Titel “Champagne e Spumanti”
erschienen.
Redaktion: Andrea Galeazzi

Genehmigte Lizenzausgabe für Flechsig
Buchvertrieb in der Verlagshaus Würzburg
GmbH & Co. KG, Würzburg 2006
Übersetzung aus dem Italienischen
von Susanne Bunzel – Droemersche
Verlagsanstalt Th. Knaur Nachf. GmbH & Co.
KG, München
© der Originalausgabe Nardini Editore,
Florenz, Italien

Umschlaggestaltung: Lorenzo Crinelli
Umschlaggestaltung der deutschen Ausgabe:
Silberwald – Agentur für visuelle
Kommunikation, Würzburg
Umschlagillustration: „Weinlese“, Illustration
einer Handschrift aus den 12. Jahrhundert
Printed in Italy

ISBN-13: 978-3-88189-619-1
ISBN-10: 3-88189-619-8

Unser gesamtes Programm finden Sie unter:
www.verlagshaus.com

DIE GESCHICHTE DES CHAMPAGNERS

Die Herstellung von Schaumweinen, d. h. von Weinen, die eine zweite Gärung durchlaufen, ist heute in allen Teilen der Erde verbreitet. Von Kalifornien bis Rußland, von Australien bis Südafrika, von Deutschland bis Neuseeland ist Schaumwein wegen seines prickelnd freudigen Charakters beliebt. Wenn es etwas zu feiern gilt, ist der Schaumwein dabei. Doch wenn man von Schaumwein spricht, meint man in erster Linie Champagner, den Urvater aller prickelnden Weine. Champagner ist ein durch und durch französisches Getränk, denn in Frankreich wurde er erstmals hergestellt und darf heute auch nur in einer ganz bestimmten Gegend Frankreichs produziert werden. Die Trauben und entsprechenden Kellertechniken sind inzwischen in allen Erdteilen zu Hause, aber der echte Champagner darf nur aus Frankreich kommen. In anderen Ländern wird Schaumwein aus denselben Trauben und mit denselben Verfahren gekeltert, die Bezeichnung »méthode champenoise« ist jedoch nur in Frankreich zulässig.
Diese Vorbemerkung ist notwendig, um eventuellen Mißverständnissen vorzubeugen. Wir werden uns in diesem Buch mit französischem Champagner, aber auch mit italienischem Spumante beschäftigen, der nach demselben Verfahren hergestellt wird wie sein berühmter Verwandter.

Die Champagne

Die Champagne ist eine Region im Nordosten Frankreichs und liegt rund hundertfünfzig Kilometer von Paris entfernt. Ihr Name leitet sich vom lateinischen Wort *campania* ab, was »weite Landschaft« bedeutet. Das politische Gebiet der Champagne war im Mittelalter wesentlich größer als heute und besaß wegen der günstigen Lage zwischen Paris, Belgien und Deutschland eine große strategische Bedeutung. Die Küste war ebenfalls nicht weit, und England wachte von der anderen Seite des Ärmelkanals aus mit Argusaugen über die politischen Geschehnisse in Frankreich. Aufgrund ihrer strategischen Lage war die Champagne denn auch Schauplatz heftiger religiöser und politischer Auseinandersetzungen, erlebte einen Regierungswechsel nach dem anderen, welche oft tiefgreifende Umstürze mit sich brachten. Diese stürmischen Zeiten währten mehrere Jahrhunderte, und auch der

Weinbau mußte sich dem steten Wechsel von Krieg und Frieden anpassen. Ohne die Geschichte der Champagne in allen Einzelheiten nachzeichnen zu wollen, deuten wir auf den folgenden Seiten die wichtigsten Ereignisse kurz an, weil sie die gesamte Region und nicht zuletzt den Weinbau nachhaltig beeinflußt haben.
Im vierten Jahrhundert n. Chr. machten die Franken den Römern die Herrschaft über Gallien streitig. König Chlodwig (ca. 466–511) vereinte schließlich die fränkischen Stämme unter seiner Herrschaft und gründete das Reich der Merowinger. 496 bekehrte sich Chlodwig zum Christentum und wurde von Remigius, dem später heiliggesprochenen Erzbischof von Reims, getauft. Es war daher fortan das Privileg der Bischöfe von Reims, die französischen Könige zu krönen und zu segnen, woraus einmal mehr

eine enge Bindung der Champagne an das französische Königshaus erwuchs. Das Geschlecht der Merowinger starb 751 aus, als Childerich III. vom ersten Karolingerkönig Pippin dem Kurzen abgesetzt wurde. Pippins Sohn Karl der Große, Gründer des Heiligen Römischen Reiches, brachte Frieden und Stabilität in die Champagne. Doch schon bald nach seinem Tod im Jahre 814 brachten die ständigen Invasionen der Normannen aus Nordeuropa und der innenpolitische Druck von seiten der fran-

zösischen Feudalherren Unruhe in das Reich Karls des Großen. Ende des neunten Jahrhunderts war Frankreich in drei große Teilreiche gespalten und wurde von ständigen Fehden, die auch die Champagne nicht verschonten, erschüttert. 987 gelang es einem dieser Feudalherren, den französischen Thron an sich zu reißen. Hugo Capet gründete das Geschlecht der Kapetinger, das bis 1328 über das Land herrschen sollte.
Ende des dreizehnten Jahrhunderts wurde die Champagne infolge der Hochzeit

Philipp der Schöne

Philipps des Schönen mit Johanna von Navarra – Erbin der Grafschaften von Navarra und der Champagne – Teil des königlichen Herrschaftsgebiets. Darauf folgte eine Zeit politischer Stabilität. Sie war jedoch nur von kurzer Dauer, da Karl IV., Sohn und Nachfolger Philipps, 1328 starb, ohne männliche Nachkommen zu hinterlassen. Sein Tod löste den Hundertjährigen Krieg aus. Zunächst kämpften Philipp von Valois, Cousin Karls IV., und Eduard III. von England, Sohn Isabellas von Frankreich, um die Herrschaft. Die Champagne war Schauplatz des langen Konflikts, der daraus erwuchs. Die Weinberge wurden zu Schlachtfeldern, und die beiden Städte Reims und Epernay wurden lange von den englischen Truppen belagert. Eduard III. siegte bei Crécy (1346), Calais (1347) und Poitiers (1356), und im Frieden von Brétigny erhielt er die Herrschaft über Poitou und über Aquitanien. Karl V. gelang es jedoch, die verlorenen Provinzen zurückzuerobern. Nach einer kurzen Friedenszeit flackerte der Konflikt zwischen der französischen und englischen Krone erneut auf. Denn der geisteskranke Karl VI. ernannte 1420 im Vertrag von Troyes Heinrich V. von England zum Herrscher über Frankreich. Reims fiel somit unter englische

Herrschaft, und der Krieg tobte erneut in der Champagne. Erst 1429 konnte der Sohn Karls VI. und rechtmäßige Thronfolger Karl VII. dank der erfolgreichen Kriegsführung Jeanne d'Arcs zum König gekrönt werden. Der Krieg endete allerdings erst 1452 mit dem endgültigen Sieg

Karls VII. Nun folgte für die Champagne eine Zeit des Friedens und des Wohlstands. Mitte des sechzehnten Jahrhunderts brachten jedoch die Kämpfe zwischen Katholiken und Hugenotten wieder Unruhe und Gewalt in den Nordosten Frankreichs. 1635 trat Frankreich in den Dreißigjährigen Krieg (1618–1648) ein, und die Champagne wurde erneut zum Schauplatz erbitterter Auseinandersetzungen. Erst mit dem Pyrenäenfrieden von 1659 war der Region eine längere Friedensperiode beschert.
Die bewegte Geschichte, die vielen Kriege ließen ganze Landschaften und Städte zerstört zurück. Für den Weinbau brachte der Krieg aber nicht nur Nachteile. Die fremden Truppen, die ständig durch die Champagne zogen, machten den Wein in ihrer Heimat bekannt und trugen damit zum Ruhm des Champagners in vielen anderen Ländern Europas, vor allem aber in England, bei.

Die Entwicklung des Weinbaus in der Champagne

Es läßt sich nicht genau feststellen, wann in der Champagne erstmals Wein angebaut wurde. Wilder Wein, der sich nicht zur Weinbereitung eignet, war in der Champagne bereits im Tertiär verbreitet. Ob die kelterfähige *Vitis vinifera* von den Römern oder aber von griechischen

Siedlern, die seit dem sechsten Jahrhundert v. Chr. in der Gegend von Marseille lebten, in Nordfrankreich eingeführt wurde, ist unklar. Julius Cäsar macht in seinem *Gallischen Krieg* keinerlei Andeutungen über Rebbau in der Region. Es ist daher anzunehmen, daß römische Soldaten die Kunst des Weinbaus in die Champagne brachten. Die römischen Garnisonen in einer neuen Provinz des Reiches mußten sich selbst versorgen, und der Wein spielte in der Ernährung der Truppen eine bedeutende Rolle. Aufgrund seines Alkoholgehalts diente er nicht zuletzt zum Desinfizieren des Trinkwassers und machte die Soldaten weniger anfällig für Darmkrankheiten. Weingärten gehörten damit zum gewohnten Bild einer römischen Garnisonsstadt. Diese primitiven, von den Truppen angelegten Weingärten wurden später an die ortsansässigen Bauern übergeben. Auf diese Weise festigte sich die Tradition des Weinbaus in den besetzten Gebieten. Die Kunst des Weinbaus und der Weinbereitung ist vermutlich auch in der Champagne auf die Initiative römischer Soldaten zurückzuführen. Es ist allerdings auch nicht ganz ausgeschlossen, daß der Weinbau von den griechischen Kolonien in Südfrankreich in die Champagne gelangte. Fest steht jedenfalls, daß der Weinbau im ersten Jahrhundert unserer Zeitrechnung in der Champagne bereits fest etabliert war. Im Jahre 92 befahl der Kaiser Domitian jedoch, alle Weinstöcke auszureißen und statt dessen Weizen anzubauen, um dem Getreidemangel in den zentralen Gebieten des Reichs abzuhelfen. Das Edikt wurde erst Ende des dritten Jahrhunderts von Kaiser Probus (276 bis 282) widerrufen, der seinen Legionen wieder die Pflanzung von Rebgärten befahl.

Als Remigius 458 zum Bischof von Reims geweiht wurde, gehörte der Wein bereits zu den typischen Agrarprodukten der Champagne, und um die angeblich magischen Eigenschaften des Weins aus der Region entstanden zahlreiche Legenden. So soll Remigius beispielsweise König Chlodwig ein von ihm persönlich gesegnetes Faß Wein geschenkt haben. Soviel der König und sein Hofstaat auch davon tranken, das wundersame Fäßchen blieb immer voll. Remigius selbst soll sich mit dem Anbau von Reben beschäftigt haben, und nach seinem Tod gingen die Weingärten an

seine Nachfolger über. Auch in diesem Fall handelt es sich wahrscheinlich um eine Legende. Wahr ist jedoch, daß in der Champagne wie im übrigen Europa die Beziehung zwischen Religion und Weinbau sehr eng war, und nach dem Niedergang des weströmischen Reiches bewahrten die Klöster den Weinbau vor dem Aussterben. Im siebten Jahrhundert lag der Weinbau in der Champagne ausschließlich in der Hand der Klöster, und für kirchliche und weltliche Würdenträger wurde Wein zum wichtigsten Getränk. Zu jener Zeit wurden in der Champagne zahlreiche neue Klöster gegründet, darunter auch Hautvillers, Epernay und Avernay, die schon bald mit der Herstellung von Wein begannen. Dem bedeutenden Champagnerexperten François Bonal zufolge blieb der Wein mindestens bis Ende des fünfzehnten Jahrhunderts dem Klerus und dem Adel vorbehalten, während das einfache Volk sich mit bodenständigem Bier begnügen mußte.

Der Wein aus der Champagne

Der Wein, der in den Klöstern und Schlössern der Region erzeugt wurde, unterschied sich lange Zeit ganz erheblich vom heutigen Champagner. In der Champagne wurden Weiß- und Rotweine gekeltert, die jedoch nicht die Erfolge anderer französischer Weine, beispielsweise aus dem Burgund, zu erzielen vermochten. In seiner komischen Dichtung *Schlacht der Weine* aus dem dreizehnten Jahrhundert nennt der Troubadour Henri d'Andely den Wein aus Epernay einen Verräter. Zwei Jahrhunderte später verbot Heinrich V. von England (der die Franzosen 1415 während des Hundertjährigen Kriegs in der Schlacht von Azincourt geschlagen hatte) seinen Truppen, den Wein aus der Champagne unverdünnt zu trinken, denn das schäumende Getränk galt als gesundheitsschädlich. Der Rotwein aus der Gegend

war außerdem viel zu hell, unterschied er sich in seinem Farbton doch ganz erheblich von den tiefroten Burgundern. Diese negativen Eigenschaften beruhten jedoch nicht auf mangelnden Kenntnissen der Winzer, sondern waren auf die geographische Lage der Weingärten zurückzuführen. Die Champagne liegt an der Nordgrenze des europäischen Weinbaus, die Trauben erhalten nicht soviel Sonne und Wärme wie in Burgund oder in Südeuropa. Die Schale der blauen Weintrauben kann daher nicht genügend Pigment bilden und dem Most eine entsprechend tiefe Farbe verleihen. Das Klima der Champagne war schließlich auch für einen weiteren Nachteil verantwortlich: Der Wein schäumte und galt daher als Verräter. Der frühe Herbst- und Wintereinbruch blockierte die Gärung des Mostes, weshalb der Zucker nicht vollständig in Alkohol umgewan-

Ampt vnd Befelch deß Gerichtsweybels.

delt werden konnte. In den ersten warmen Frühlingstagen, wenn der Wein bereits auf Flaschen gezogen war, kam die Gärung wieder in Gang und erzeugte die typischen Bläschen – was damals mit Mißtrauen registriert wurde. Trotz dieser »Fehler« verbreitete sich der Wein aus der Champagne langsam in ganz Frankreich und im Ausland.

Im sechzehnten Jahrhundert wurde der Wein bereits in weiten Teilen Frankreichs und in anderen Ländern Europas so geschätzt, daß Papst Leo X., Sohn von Lorenzo Il Magnifico de'Medici, einige Weingärten in der Nähe von Ay erwarb. Karl V., Franz I. von Frankreich und Heinrich VIII. von England hatten Sonderbeauftragte in Ay, die die Königshäuser mit Wein versorgen mußten. Ende des Jahrhunderts erklärte Heinrich von

Bourbon, der 1589 den französischen Thron bestiegen hatte, den Wein aus Ay zu seinem Lieblingswein und trug damit entscheidend zur Verbreitung der Weine aus der Champagne bei. Dank des wachsenden Erfolgs ihrer Weine mußten sich die Winzer der Region nicht mehr um die Konkurrenz aus Burgund sorgen. Vielmehr bemühte man sich im folgenden Jahrhundert, die Besonderheiten der Champagne-Weine stärker herauszuarbeiten. Während des gesamten siebzehnten Jahrhunderts herrschte noch ein erbitterter Konkurrenzkampf zwischen den Roten aus Burgund und aus der Champagne. Daneben tauchten nun aber auch »graue« (*vins gris*) und weiße Schaumweine (*vins blancs mousseux*) auf, die eine Neuheit im französischen Weinpanorama darstellten. Zwar handelte es sich dabei noch nicht um Champagner im heutigen Sinne, doch wurde in der zweiten Hälfte des siebzehnten Jahrhunderts der Grundstein für den heute wohl bekanntesten Wein der Welt gelegt. 1668 wurden denn auch die Weinberge und Keller der berühmten Abtei von Hautvillers einem noch nicht dreißigjährigen Abt anvertraut, der die Geschichte des Champagners ganz entscheidend geprägt hat: Dom Pérignon.

Dom Pérignon

1674 wurde in Paris ein Traktat über *L'art de bien traîner*, also in etwa über »Die Kunst des Müßiggangs« veröffentlicht, in dem über den Champagner zu lesen steht: »Man kann einem Wein nicht trauen, der sich stets in Aufruhr befindet und ohne Unterlaß in seinem Glase schäumt.« Jenseits des Ärmelkanals fand der Champagner mehr Anklang. Sir George Etheredge flocht in seine Komödie *Der Mann à la mode* aus dem Jahre 1676 beispielsweise ein Loblied auf den schäumenden Wein ein, der »die schmachtenden Liebenden belebt, lustig und fröhlich macht und all ihre Sorgen ertränkt«. Die Vorzüge des *vin pétillant* (von Champagner zu sprechen wäre noch etwas verfrüht) wurden also zunächst in England und nicht in Frankreich entdeckt.

Als Dom Pérignon zum Kellermeister der Benediktinerabtei Hautvillers bestellt wurde, begegnete man den Weinen aus der Champagne großenteils noch mit Mißtrauen, denn ihr unverzeihliches Perlen und Schäumen störte viele Gaumen und Mägen. Doch gerade darin lag letztlich ihr Erfolg. Man mußte nur lernen, wie man dieses Schäumen bändigen und in Flaschen zwängen konnte. Daß die Gärung im Frühjahr erneut in Gang kam, war nicht nur ein ästhetisches, sondern auch ein technisches Problem. Der Wein war im Frühjahr bereits auf Fla-

schen gezogen, und viele Flaschen konnten dem Druck der Kohlensäure, die sich bei der zweiten Gärung bildete, nicht standhalten und explodierten. Manchmal explodierten sogar ganze Fässer. Ende des siebzehnten Jahrhunderts begannen die Winzer und Kellermeister der Champagne, den Eigenheiten ihres Weins mit immer aufwendigeren Untersuchungen auf die Spur zu kommen. Durch besseres Verständnis hoffte man die Qualität des Weins zu steigern und die Probleme mit der Gärung in den Griff zu bekommen. Die Entstehung des Schaumweins war zunächst wohl unbeabsichtigt, was sich in der Folge jedoch als Champagner etablierte, ist dem technischen Können der Winzer und Kellermeister zuzuschreiben.
Um die Person Dom Pérignons entstand ein regelrechter Mythos. Dem Benedik-

tinermönch wird eine ganze Reihe von Erfindungen zugeschrieben, die ihn zum Vater des Champagners machen. Jüngere Forschungsergebnisse schraubten Dom Pérignons Verdienste um den Champagner schließlich wieder auf ein vernünftigeres Maß zurück. Seine Fähigkeiten als Kellermeister stehen allerdings außer Zweifel, erfand er doch eine ganz wesentliche Neuheit der Weinbereitung: die *Cuvée* oder die Kombination von blauen und grünen Trauben aus verschiedenen *Crus* (Lagen). Bis dahin wurden die Trauben der einzelnen Lagen getrennt verarbeitet und vertrieben; mit einer Cuvée konnte man die einzelnen

Traubensorten, deren prozentualer Anteil vor der Pressung festgelegt wurde, zu einem harmonischeren Endprodukt verarbeiten.
Dom Pérignon, der angeblich selbst keinen Wein getrunken haben soll, war ein ausgezeichneter Traubenkenner, was ein Dokument seines Klosterbruders Pierre verdeutlicht: »Père Pérignon probierte die Trauben an den Rebstöcken nicht, aber zur Reifezeit ging er jeden Tag in den Weingarten. Dann ließ er sich von den Rebstöcken, die er für die ersten Cuvées ausgesucht hatte, ein paar Trauben bringen, hängte sie über Nacht ans Fenster und aß sie am folgenden Morgen auf nüchternen Magen. Je nach Geschmack der Trauben und je nach Verlauf des Jahrgangs stellte er dann seine Cuvées zusammen. Denn auch das Wetter während der Wachstumsperiode der Trauben, Kälte und Wärme, Regen und Trockenheit sowie die Belaubung der Rebstöcke waren für ihn von Bedeutung. All diese Elemente trugen zur Zusammenstellung seiner Cuvées bei.«
Die von Dom Pérignon gekelterten Weine zeichneten sich jedoch nicht nur durch einen harmonischen und ausgewogenen Geschmack aus. Die aus blauen Trauben gekelterten Weißweine wurden auch sorgfältig geklärt und waren daher frei von Niederschlag. Schon bald wurden die Flaschen aus den Kellern von Hautvillers immer begehrter und damit teurer, der Ruhm des Mönchs und Keller-

meisters wuchs. Mit der Zeit schrieb man Dom Pérignon weitere Erfindungen und Neuerungen zu, die von grundlegender Bedeutung für den Champagner waren. Dazu gehörte beispielsweise die Verwendung von Korken aus spanischer Korkeiche anstelle der sonst üblichen Holzstöpsel, die mit einem in Öl getränkten Lappen umwickelt waren. Dom Pérignon gilt teilweise sogar als Erfinder der Champagnermethode, doch weiß man nicht einmal mit Bestimmtheit, ob die Weine von Hautvillers überhaupt moussierten. In Dom Pérignons Schriften ist kein Hinweis darauf zu finden.

Es ist jedoch nicht von der Hand zu weisen, daß der Weinbau der Champagne nicht zuletzt dank Dom Pérignon innerhalb weniger Jahre einen grundlegenden Wandel erfuhr. Zu den Korkenverschlüssen kamen jetzt auch stabilere Flaschen, die dem Druck der Kohlensäure standhalten konnten. Diese schweren Flaschen aus dickem Glas erlaubten denn auch die zweite Flaschengärung. Lange Zeit versuchte man in der Champagne noch Stillweine herzustellen, aber die Schaumweine begannen immer besser und immer beliebter zu werden. In der Ausgabe des *Dictionnaire universel* von Furetière aus dem Jahre 1724 ist das Wort *mousseux* im Zusammenhang mit dem »Wein aus der Champagne, der sehr viel Schaum erzeugt« zu lesen. Drei Jahre zuvor galt Bier noch als das einzige schäumende Getränk. 1718 hatte der Geistliche Godinot geschrieben, daß »seit über zwanzig Jahren der Geschmack der Franzosen zu Schaumweinen tendiert«. Und schon wenig später schreibt Voltaire über »die bisher unbekannten Weine wie die aus der Champagne, die im Ausland mit großem Gewinn verkauft werden«.

Der Wein der Freude und des Überschwangs

Die Auseinandersetzungen zwischen den Anhängern von Stillweinen und den Freunden von Schaumwein zog sich über fast das ganze achtzehnte Jahrhundert hin. Zu jener Zeit wurden in der Champagne noch Rotweine hergestellt, allerdings nahm ihre Zahl stetig ab. Der moussierende Weißwein aus der Champagne gewann immer mehr Liebhaber, und unter Ludwig XIV. war er das Lieblingsgetränk am französischen Königshof. Während der Regierungszeit des Sonnenkönigs wurde der Marquis de Saint-Evremond, der mit anderen zusammen den *Ordre des Coteaux* – in dem die adligen Besitzer der edlen Lagen in Ay, Hautvillers und Avernay zusammengeschlossen waren – gegründet hatte, wegen seiner Differenzen mit Mazarin nach England verbannt. Dank Saint-Evremond eroberten die Weine aus der Champagne nun auch den englischen

Adel und den Königshof, was natürlich die Exporte noch weiter steigen ließ. Vor allem die Regierungszeit Philipps v. Orléans (1715–1723) bestimmte nachhaltig das Schicksal des neuen Schaumweins aus der Champagne. Was sich in England einige Jahrzehnte zuvor bereits etabliert hatte, wurde im Paris Philipps v. Orléans zu einer regelrechten Mode. Jener prickelnde und bitzelnde Wein

wurde das ideale Getränk für Feste, Feiern und Tête-à-Têtes. Champagner war der Wein des Vergnügens und wurde von Männern wie Frauen gleichermaßen geschätzt. Madame Pompadour soll denn auch über ihn gesagt haben: »Der einzige Wein, bei dem Frauen auch nach dem Trinken noch schön bleiben.«
Von da ab kannte der Erfolg des Champagners keine Grenzen mehr, und kein europäischer Hof konnte sich seiner Faszination entziehen. 1724 gelangte der Champagner nach Rußland, das schon bald zu einem der wichtigsten Importländer wurde. Fünf Jahre später entstand

die erste *maison de commerce*, das erste Handelshaus für Champagner. Auf die Gründung des Hauses Ruinart in Epernay folgten wenig später weitere Handelshäuser, die heute noch einen legendären Ruf genießen.

Madame Clicquot

Das neunzehnte Jahrhundert war für die Entwicklung des Champagners von grundlegender Bedeutung. Denn wissenschaftliche Erkenntnisse und neue Technologien erlaubten den Winzern und Kellermeistern der Region, die einzelnen Herstellungsphasen nachhaltig zu verbessern. Das größte Problem stellte nach wie vor die zweite Gärung dar, die die Flaschen oder zumindest die Korken explodieren ließ. Seit der zweiten Hälfte des achtzehnten Jahrhunderts setzte man dem Wein Zucker zu, womit man zunächst nur den Geschmack abrunden und den Alkoholgehalt steigern wollte. Dann aber erkannte man, daß durch den Zusatz von Zucker auch die Flaschengärung leichter in Gang kam. Die Frage der genauen Zuckermenge war allerdings noch nicht gelöst; man hatte jedoch herausgefunden, daß zu hohe Dosen die Flaschen explodieren ließen. Einige Fachpublikationen aus der Zeit zwischen 1820 und 1830 sprachen bereits von »vernünftigen Dosierungen«, die eine ordentliche Kohlensäurebildung garantieren konnten, ohne die Flaschen zu beschädigen. Erst mit der Erfindung des Gleukometers im Jahre 1836, die auf den französischen Chemiker Jean Antoine Chaptal – daher der Begriff chaptalisieren – zurückgeht, konnten die Kellermeister der Champagne die zum Verfeinern des Weins benötigte Zuckermenge exakt bestimmen.

Bei der Flaschengärung entsteht auch

Niederschlag, der entfernt werden muß, bevor der Wein in den Handel kommt. Dokumente belegen, daß bereits zu Lebzeiten Dom Pérignons die Flaschen in den Kellern der Champagne gerüttelt und degorgiert wurden. Diese Methode wurde in der ersten Hälfte des neunzehnten Jahrhunderts dank der Erfindungsgabe einer heute weltberühmten Frau verbessert: Barbara Nicoletta Ponsardin, besser bekannt als Veuve Clicquot. Barbara heiratete 1799 François Clicquot, wurde aber schon sechs Jahre später Witwe und mußte den Betrieb ihres Mannes weiterführen. Mit der Hilfe ihres Kellermeisters Antoine de Müller gelang es Madame Clicquot, die ihre ersten Kellerexperimente auf dem Küchentisch

durchgeführt haben soll, die Remuage zu perfektionieren. Sie hatte erkannt, daß man die Flaschen geneigt lagern muß, damit sich der Niederschlag dirckt unterhalb des Flaschenkorkens absetzt und beim Degorgieren, also beim Öffnen der Flasche, leicht entfernt werden kann.
So entstanden die ersten Rüttelpulte, Holzgestelle mit kreisrunden Öffnungen, in die die Flaschen mit dem Hals voran gesteckt und dann gerüttelt werden konnten.

Im Lauf des neunzehnten Jahrhunderts wuchs der Ruf des Champagners immer weiter und erreichte schließlich auch die Vereinigten Staaten. Die erste umfangreichere Ladung Champagner gelangte 1830 auf die andere Seite des Atlantiks. In der Alten Welt hatte sich der Champagner inzwischen in Restaurants und Hotels und in Privathaushalten einen festen Platz erobert.

Während des gesamten neunzehnten Jahrhunderts war der Champagner ein süßer Wein, der zum Dessert oder als Abschluß einer Mahlzeit genossen wurde. Spätestens seit 1830 war es üblich geworden, beim Degorgieren erneut Zucker zuzusetzen. Wenn man den Niederschlag entfernt, muß man die abgezogene Menge durch Champagner ersetzen; dabei fügte man erneut Zucker zu, da die zweite Gärung den im Wein enthaltenen Zucker vollständig abgebaut und in Alkohol umgewandelt hatte.

Die englischen Handelshäuser beauftragten die Champagnerkellereien jedoch mit der Herstellung von trockenerem Champagner, der zu einer ganzen Mahlzeit und bei vielen anderen Gelegenheiten getrunken werden konnte. Perrier-Jouet experimentierte als erste Kellerei mit trockenem Champagner und sandte 1848 eine kleine Partie des Jahrgangs 46, die ohne Zuckerzusatz abgefüllt worden war, nach London. Dieser erste Versuch zeitigte nicht die gewünschten Ergebnisse, und so blieb der Champagner trotz einiger weiterer Versuche zunächst einmal ein süßer Wein. Auch hier brachte eine Frau die entscheidende Veränderung. Louise Melin, Gemahlin von Louis Alexandre Pommery, wurde 1858 Witwe. Als sie die Kellerei ihres Mannes weiterführte, gelang ihr ein Champagner namens *goût américain*,

der den Weg für trockenen und für Champagne brut frei machte. Der Jahrgang 1874 war für das Haus Pommery & Greno so erfolgreich, daß Madame Pommery eine neue Kellerei und neue Lagerstollen anlegen ließ, die sich achtzehn Kilometer weit unter der Erde verzweigen.
Nun begannen praktisch alle Champagnerhäuser, die Dosage auf den Absatzmarkt abzustimmen und damit auch trockenere Weine herzustellen: In England liebte man den trockenen Champagner, in Rußland mußte er sehr süß sein, während man in Frankreich – zumindest

bis zum Ersten Weltkrieg – einen gemäßigt süßen Champagner bevorzugte. Im zwanzigsten Jahrhundert setzten sich schließlich die trockeneren Versionen durch. Heute findet man nur noch äußerst selten süßen Champagner, während der *Champagne pas dosé*, also Champagner ohne jeglichen Zuckerzusatz, immer mehr geschätzt wird.

Champagne mon amour

Die Belle Epoque besiegelte den Triumph des Champagners. In ganz Europa erschallte das Knallen der Korken, und die Champagnersucht ließ niemanden verschont. Die Lebewelt war nie ohne eine Sektschale oder *coupe*, die damals der Flöte oder *flûte* vorgezogen wurde, zu sehen. Der prickelnde Wein floß in Strömen, galt er doch als Sinnbild für Lebensfreude und Sorglosigkeit, und brachte Schwung in das Karussell des Lebens.

Als Paris zur Kulturhauptstadt der Alten Welt wurde, feierte der Champagner seinen Eintritt in die Kunst seiner Zeit. Viele berühmte Dichter widmeten dem typisch französischen Getränk Lobgesänge, und auf vielen zeitgenössischen Bildern sieht man eine Champagnerschale in Händen einer hübschen *Midinette* oder in der Hand von Müßiggängern, die an einem Restauranttisch sitzen, oder aber in der Intimität einer

kleinen *Garçonnière.* Eine Champagnerflasche war genauso unentbehrlich wie das *Bric-à-brac*, die Gedichte eines *Poète maudit* oder eine Kopie der *Monalisa*, Sinnbild von Zweideutigkeit schlechthin.

Selbst die beiden Weltkriege konnten nicht die Lebensfreude mindern, die sich beim Öffnen einer Champagnerflasche ausbreitet. Die Belle Epoque ist zwar unwiederbringlich vorbei, doch die Freude an Geselligkeit, der Wunsch, ein Fest, ein Jubiläum oder eine besondere Gelegenheit mit Champagner zu feiern, sind uns zum Glück erhalten geblieben.

Der Mythos Champagner ist lebendiger denn je, und von den vielen berühmten Sprüchen, die sich der Wein verdient hat, erscheint uns dieser besonders richtig und aktuell: »Nur wer keine Phantasie hat, findet keinen Grund, Champagner zu trinken.« Stammen soll dieser Spruch von einem der größten Dandys der Literaturgeschichte: Oscar Wilde.

DIE HERSTELLUNG
VON CHAMPAGNER

Das Herstellungsgebiet

Die Grenzen des Weinbaugebiets Champagne wurden mit einem Weingesetz von 1927 festgelegt. Es umfaßt die vier Départements Marne, Aube, Aisne und Seine-et-Marne. Die Anbaufläche erstreckt sich über rund fünfunddreißigtausend Hektar, von denen derzeit etwa neunundzwanzigtausend unter Reben stehen. Nur der Schaumwein, der dieser *Appellation d'Origine Contrôlée* (d. h. amtliche Ursprungsbezeichnung) entspricht und hier hergestellt wird, darf sich Champagner nennen. Das Weinbaugebiet Champagne ist noch einmal in vier Zonen unterteilt: Montagne de Reims, Vallée de la Marne, Côte des Blancs und Vignobles de l'Aube et de l'Aisne (manchmal wird noch eine fünfte Zone namens Côte de Sézanne erwähnt).

1941 wurde der Interessenverband *Comité Interprofessionel du Vin de Champagne* (CIVC) gegründet, der den Winzern unter anderem technischen Beistand leistet. Der Verband teilt die Crus der Region in Qualitätsstufen ein, nach denen der Herbstpreis der Trauben berechnet wird. Hundert Prozent auf dieser Werte- und Preisskala erreichen nur siebzehn Gemeinden: Ambonnay, Avize, Ay, Beaumont-sur-Vesle, Bouzy, Chouilly (für Chardonnaytrauben), Cramant, Louvois, Mailly-Champagne, Le Mesnil-sur-Oger, Oger, Oiry, Puisieulx, Sillery, Tours-sur-Marne (Pinot), Verzenay und Verzy. Von den Weingärten in diesen Gemarkungen kommt der Champagne Grand Cru, während der Champagne Premier Cru von Lagen der Preisklasse 90–99 Prozent kommt. Sie verteilen sich auf rund vierzig Gemeinden, die größtenteils im Département Marne liegen.

Die Champagne ist die nördlichste Weinbauregion Frankreichs und genießt einzigartige Klima- und Bodenverhältnisse. Strenge Winter, heftige Atlantikwinde, Frühjahrsfröste und zahlreiche Sommergewitter, die oft mit Hagel einhergehen, gefährden jedes Jahr die Blüte und die Reifung der Trauben. Doch gerade dank dieses launischen und wechselhaften Wetters erbringen die Rebstöcke so hochwertige Früchte. Die Durchschnittstemperatur der Champagne liegt bei 10,5° Celsius und damit nur ein Grad über der für den Weinbau erforderlichen Mindesttemperatur. Im Winter sinkt das Thermometer mehrere

Grade unter den Gefrierpunkt, und im Frühjahr müssen die Winzer zwischen ihren Rebzeilen oft kleine Öfen einschalten, um die zarten Knospen vor dem Frost zu schützen. Mehr noch als das Klima trägt der Boden zu den hervorragenden Weinen bei. Die Champagne liegt im Becken eines Binnenmeeres, das vor rund siebzig Millionen Jahren austrocknete und eine rund zweihundert Meter starke Schicht Kreide- und Muschelkalkablagerungen zurückließ. Der weiße Kreideboden speichert die Wärme des Tages und gibt sie nachts wieder ab. Außerdem sorgt er für eine gute Entwässerung und kann im richtigen Maß Feuchtigkeit speichern, was den Reben in trockenen Sommermonaten zugute kommt. In diesen Boden haben die Winzer mehr als zweihundert Kilometer Lagerstollen gegraben, in denen das ganze Jahr über konstant eine Temperatur von 10–11 °Celsius herrscht. Und in diesen *Crayères* reift der Champagner heran.

Die Trauben

Champagner wird aus drei verschiedenen Rebsorten gewonnen: aus den blauen Trauben der Sorten Pinot noir und Pinot meunier sowie aus den weißen Trauben der Chardonnay. Aufgrund der klimatischen Verhältnisse werden die Rebstöcke niedrig gehalten. Somit hängen die Trauben möglichst nahe über dem Boden, wo sie nachts die tagsüber gespeicherte Wärme aufnehmen können. Denn nur so können die Trauben bis zur Lese voll ausreifen.
Die Rebsorte Pinot noir liefert nicht nur Champagner, sondern auch die großen Rotweine aus Burgund und anderen

Weinbaugebieten. In der Champagne wird Pinot noir vor allem in der Montagne de Reims angebaut. Sie verleiht dem Champagner Körper und Struktur. Die Pinot meunier schenkt dem Wein dagegen seine unverwechselbaren, fruchtig-frischen Noten und ist daher besonders für Champagner, die jung getrunken werden, von Bedeutung. Sie ist direkter, aber nicht so elegant wie die Pinot noir. Pinot meunier wird vor allem in der Vallée de la Marne und in einigen Gegenden der Côte des Blancs angebaut. Aus der Rebsorte Chardonnay werden die berühmtesten Weine der Welt gekeltert. Sie macht den Champagner feingliedrig und verleiht ihm Finesse und Eleganz. Chardonnayreben werden vor allem in der Côte des Blancs angebaut. Die mit Pinot noir und Pinot meunier bestockten Rebflächen nehmen ungefähr zweiundsiebzig Prozent der Gesamtanbaufläche in der Champagne ein, während die restlichen achtundzwanzig Prozent auf Chardonnay entfallen.

Lese und Pressung

Der Beginn der Weinlese wird jedes Jahr offiziell festgelegt. Die Lese beginnt genau hundert Tage nach der vollen Blüte der Reben und fällt meist in die zweite Septemberhälfte. Seit 1987 berücksichtigt der Lesekalender auch die verschiedenen Mikro- und Kleinklimazonen innerhalb des Anbaugebiets. Die einzelnen Weinbauorte dürfen den Lesebeginn um einige Tage verschieben, damit die Trauben voll ausreifen können. Die Regierung legt außerdem jedes Jahr den zulässigen Höchstertrag pro Hektar fest, der natürlich mit den Jahrgängen schwankt. In der letzten Zeit lagen die Erträge beispielsweise bei hundertvier Doppelzentner, von denen zwanzig blockiert wurden. Der Stillwein, der aus den blockierten Trauben erzeugt wird, durchläuft zunächst keine Schaumweingärung und kommt nicht in den Handel. Er dient vielmehr als eiserne Reserve, und nur der CIVC darf entscheiden, wann dieser Wein freigegeben wird.

Die Lese erfolgt ausschließlich von Hand, damit nur absolut gesunde und reife Trauben in die Kelter gelangen. Gerade beim Schaumwein ist Sorgfalt geboten, weil die zweite Gärung die Entwicklung unangenehmer Gerüche fördert, die auf verschimmeltes Lesegut zurückgehen. Die Leser legen die Trauben in kleine Körbe, die nach und nach an

Träger weitergegeben werden. Die Träger sammeln die Trauben in großen Weiden- oder Plastikkörben mit flachem Boden, die *mannequins* genannt werden und achtzig bis hundert Kilo fassen. Sind diese Körbe voll, werden sie auf Karren oder Lastwägen geladen und zur Presse gefahren, die nicht weit von den Weingärten entfernt liegt.

Dank dieser sorgfältigen Behandlung – kleine Körbe, gut gefederte Transportfahrzeuge, kurze Transportwege – gelangen die Trauben unversehrt zur Presse. Denn bei der weißen Verarbeitung von blauen Trauben dürfen die Früchte auf keinen Fall Kontakt mit der Schale haben. Wenn jedoch auf dem Transport die blauen Schalen platzen, dann gelangt ihr Pigment in den Most und beein-

trächtigt die Farbqualität des Champagners.

Die traditionelle Champagnerpresse (*pressoir*) besteht aus Holz und hat einen im Verhältnis zur Höhe eher breiten Sockel. Dadurch lassen sich die Trauben ausbreiten und besonders sanft pressen. Bei schmalen Pressen dagegen türmen sich die Trauben auf, und die unteren Trauben können durch das Gewicht der darüberliegenden Trauben platzen. Die Pressung muß außerdem so schnell wie möglich erfolgen, damit der Most keinen Kontakt mit den Schalen hat. Eine traditionelle Presse faßt viertausend Kilo Trauben, was mit der französischen Einheit *marc* bezeichnet wird. Das jüngste Weingesetz schreibt vor, daß aus hundertsechzig Kilo Trauben hundertzwei Liter Most gewonnen werden dürfen, aus denen später hundert Liter Wein werden (bei der Verarbeitung entstehen naturgemäß geringe Verluste). Aus einem Marc erhält man demnach 2550 Liter Most. Die ersten 2050 Liter bilden die *cuvée*, während die restlichen fünfhundert Liter als *taille* bezeichnet werden. Viele Kellereien verwenden nur den Most aus der ersten Pressung oder die Cuvée. (Das Wort *cuvée* besitzt in der Champagne drei verschiedene Bedeutungen: Most aus der ersten Pressung, die Mischung verschiedener Stillweine aus verschiedenen Lagen und schließlich

auch den edelsten Champagner einer Kellerei.) Der Rest wird als *vin de taille* verkauft. Nach der Pressung läßt man den Most nach Lagen getrennt zwölf Stunden in großen Zementwannen dekantieren. Dabei sinken die Preßrückstände (Schalen, Kerne und anderes) langsam auf den Grund des Behälters.

Die erste Gärung und das Assemblieren der Cuvée

Der gereinigte Most wird nun in Email- oder Edelstahltanks, in Behältern aus Glasfaserzement oder in Eichenfässern vergoren. Die Gärung erfolgt bei einer gleichbleibenden Temperatur von 20 bis 22° Celsius und dauert – nach einer stürmischen Anfangsphase – etwa drei Wochen. Der Wein wird danach gekühlt und geklärt. Das Ergebnis dieser ersten Klärung nennt man beim Champagner Grundwein; seine organoleptischen Eigenschaften entsprechen denen seiner Lage. Es handelt sich allerdings noch um einen Stillwein, denn die Schaumweingärung beginnt erst einige Monate später, im Frühjahr oder Anfang des Sommers des folgenden Jahres.
Wenn die alkoholische Gärung abgeschlossen ist (d. h. der Prozeß, bei dem der natürlich im Most enthaltene Zucker in Alkohol umgewandelt wird), unter-

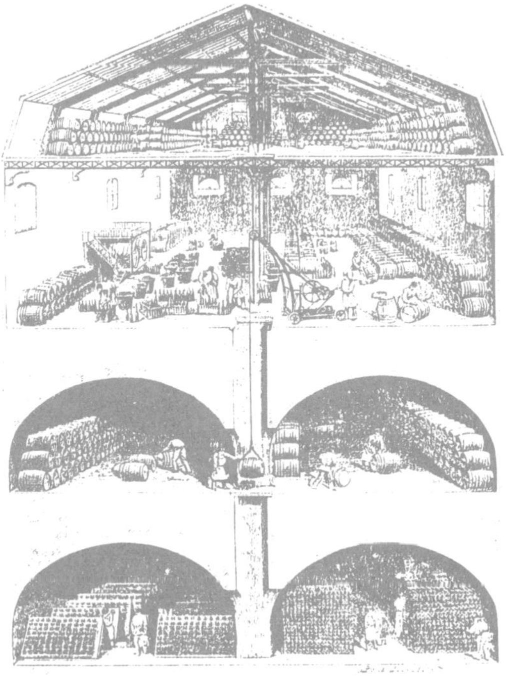

ziehen manche Kellereien ihren Grundwein einer malolaktischen Gärung. Bei diesem Vorgang wird Apfelsäure in Milchsäure umgewandelt, wodurch der Wein insgesamt weicher wird. Diese Gärung ist unter Champagnerherstellern allerdings stark umstritten. Gegner behaupten, daß die Weine, die einer malolaktischen Gärung unterzogen werden, früher getrunken werden müssen, während die Weine, die ihre harte Apfelsäure noch besitzen, nerviger und ausdrucksstärker seien und länger altern können.

Nach der Gärphase wird die Cuvée zusammengestellt. Dieser Vorgang erfordert äußerstes Fingerspitzengefühl und eine extrem feine Nase. Spezialisten assemblieren einen Wein, der Jahr für Jahr bestimmte Eigenschaften aufweisen, gleichzeitig aber auch ein unverwechselbares Bouquet besitzen muß, das ihn vor allen anderen Champagnersorten auszeichnet. Bei der *assemblage* werden zunächst die Weine eines Jahrgangs und einer Lage oder aus benachbarten Lagen zusammengestellt. Dann erfolgt die *Coupage*, bei der Weine aus vorangegangenen Jahrgängen (*vins de réserve*) hinzugefügt werden. Der Verschnitt mit diesen Weinen verleiht dem Champagner mehr Weichheit und Finesse und garantiert darüber hinaus ein homogenes Endprodukt. Für eine Cuvée, deren Rezeptur jeder Kellermeister streng geheimhält, können bis zu fünfzig verschiedene Weine kombiniert werden.

Die méthode champenoise

Nach der Klärung wird der nun geschmacklich abgestimmte Grundwein in die Behälter zurückgepumpt, in denen die erste Gärung stattgefunden hat. Damit die zweite Gärung leichter in Gang kommt, setzt man der Cuvée sogenannten *liqueur de tirage* zu, d. h. ein Gemisch aus natürlichen Fermenten (Hefe), Champagner aus früheren Jahrgängen sowie Rohr- oder Rübenzucker. Die Schaumweingärung findet dann allerdings in Flaschen und nicht mehr in

Gärtanks statt. Der Grundwein wird auf Flaschen gezogen und mit Kronkorken hermetisch verschlossen. Die Kronenverschlüsse sind innen mit einer Plastikkapsel, der sogenannten *bidule* versehen, in der sich der Niederschlag der zweiten Gärung sammeln kann. Der Zusatz von Tiragelikör löst den Vorgang aus, bei dem Zucker in Alkohol und Kohlensäure umgewandelt wird. Die im Tiragelikör enthaltene Zuckermenge ist so dosiert, daß sie nicht mehr als 1,5 Prozent Alkohol und nicht mehr als sechs Atmosphären Druck erzeugt. Die *prise de mousse* (Schaumweingärung) erfolgt in den Kellern bei einer gleichbleibenden Temperatur von 10–12° Celsius und dauert ungefähr drei Monate. Damit sich eine feine und gleichmäßige Perlage entwickeln kann, muß die zweite Gärung bei kühleren Temperaturen und damit langsam ablaufen. Bei höheren Temperaturen entwickelt sich die Mousse zu rasch, die Perlage besteht aus wenigen großen Bläschen, die dann rasch verpuffen. Während der zweiten Gärung liegen die Flaschen in Holzgestellen von einem

Zentimeter Stärke und werden in regelmäßigen Abständen gerüttelt, damit sich der Niederschlag nicht am Glas festsetzen kann. Ist die Schaumweingärung abgeschlossen, läßt man den Champagner in den Kellern ruhen. Das französische Weingesetz schreibt eine Reifezeit von einem Jahr für Champagner ohne und drei Jahre Reife für Champagner mit Jahrgangsangabe vor. In der Regel reifen aber beide Weintypen jeweils zwei Jahre länger.

Der letzte Schliff

Bei der zweiten Gärung entsteht wie bereits erwähnt ein Niederschlag, der entfernt werden muß, bevor die Flaschen in den Handel kommen. Dafür sind zwei Arbeitsschritte notwendig. – Zunächst werden im Rahmen der *remuage* (Rütteln) die Champagnerflaschen um wenige Grad gedreht. Die Flaschen stecken mit dem Hals in sogenannten *pupîtres* oder Rüttelpulten – leicht geneigten Holzgestellen mit kreisrunden Öffnungen. Diese Öffnungen sind so konstruiert, daß die Neigung der Flaschen nach und nach gesteigert werden kann. Dadurch kann sich der Niederschlag leichter in der Bidule unterhalb des Flaschenverschlusses absetzen. Die erfahrenen Hände eines *remueurs* drehen die Flaschen jeden Tag um eine Achteldrehung nach links oder rechts, damit sich der

Niederschlag nicht an den Flaschenwänden absetzen kann. Ein guter Remueur schafft bis zu dreißigtausend Flaschen am Tag, doch in vielen Kellereien wird diese Arbeit heute von Maschinen vollautomatisch erledigt. Die maschinelle beziehungsweise manuellc Remuage dauert zwischen einer Woche und zwei bis drei Monaten. Am Ende des Durchgangs stecken die Flaschen fast senkrecht in den Rüttelpulten, und der Nie-

derschlag hat sich in der Verschlußkapsel gesammelt. Dieser Niederschlag wird nun in einem Kälteverfahren entfernt. Dazu wird der Flaschenhals in eine Kühllösung von etwa minus 20°Celsius getaucht. Nach einigen Minuten sind Flüssigkeit und Niederschlag im Flaschenhals durchgefroren und können leicht entfernt werden. Man öffnet die Flasche, und durch den Druck in der

Flasche wird die Bidule zusammen mit dem Eispfropfen herausgepreßt.
Das *dégorgement à la glace* bedeutet natürlich auch einen geringen Verlust an Flüssigkeit, die wieder nachgefüllt werden muß. Die Flüssigkeit, die man nun zusetzt, wird *liqueur de dosage* oder *liqueur d'expédition* genannt und besteht aus gealtertem Stillwein und Rohrzuckersirup. Die zweite Gärung verarbeitet den gesamten im Wein enthaltenen Zucker, weshalb der Wein in diesem Stadium absolut trocken ist. Erst die Zuckermenge, die mit der Dosage beigefügt wird, bestimmt den Süßungsgrad: brut, sec, demi-sec, doux. Mit der heute herrschenden Vorliebe für trockene Weine entstand auch ein Champagne pas dosé, der ganz ohne Dosage auskommt. Die beim Degorgieren verlorene Flüssigkeit wird dann nur durch Champagner ersetzt.

Champagnerflaschen und ihre Etiketten

Die Champagnerflasche kann jetzt mit dem typischen pilzförmigen Korken verschlossen, etikettiert und in den Handel gebracht werden. Das Etikett enthält alle wichtigen Informationen über den Champagner, die wir hier kurz auflisten:
Pas dosé (oder *nature, dosage zéro, sans sucre, brut intégral, ultra-brut, brut non-dosage, brut sauvage*): Champagner ohne Dosage.

Brut: sehr trockener Champagner mit einem Restzuckergehalt von weniger als fünfzehn Gramm pro Liter.
Sec: trockener Champagner mit 17–35 Gramm Restzucker pro Liter.
Demi-sec: halbtrockener Champagner mit einem Restzuckergehalt von 33–50 Gramm pro Liter.
Doux: sehr seltener, süßer Champagner mit einem Restzuckergehalt von mehr als fünfzig Gramm pro Liter.
Millésimé: Jahrgangschampagner, Champagner aus Grundweinen eines einzigen Jahrgangs; wird nur in besonders guten Jahrgängen mit außergewöhnlich guten Trauben hergestellt; der Wein reift länger, und der Jahrgang wird auf dem Etikett vermerkt.
Blanc de Blancs: ausschließlich aus Chardonnaytrauben gewonnener Champagner; sehr fruchtig, fein und leicht.
Blanc de Noirs: ausschließlich aus Pinot noir und Pinot meunier gewonnener Champagner; körperreich, tiefgolden und sehr selten.
Rosé: ebenfalls seltene Champagnerva-

riante; die Cuvée enthält Rotwein aus der Champagne oder teilweise rot verarbeitete Trauben.

Je nach Fassungsvermögen tragen die Champagnerflaschen unterschiedliche Bezeichnungen:
Piccolo: 0,2 l
Demie: 0,375 l
Normalflasche: 0,75 l
Magnum: 1,5 l
Doppelmagnum: 3 l
Jeroboam: 4,5 l
Imperiale: 6 l
Salmanasar: 9 l
Balthasar: 12 l
Nebukadnezar: 15 l

SPUMANTE

Kurze Geschichte des Spumante

Die Geschichte des italienischen Spumante begann im neunzehnten Jahrhundert. Der Kellermeister Carlo Gancia beschloß nach der Rückkehr von einer Studienreise nach Reims, daheim in Piemont zunächst mit Muskatellertrauben und dann mit Pinot-noir-Trauben die Herstellung von Schaumwein zu

versuchen. Auf diese Weise entstand gewissermaßen der Ahnherr des Asti Spumante und wenig später der erste italienische Brut aus Pinottrauben, die Gancia direkt aus Burgund importiert hatte. Seither erlebte der Spumante in Norditalien eine regelrechte Blüte: von Asti bis ins Oltrepò Pavese, von der Franciacorta bis ins Trentino entstanden Sektkellereien. Carlo Gancia war es auch, der die Pinot-noir-Trauben im Oltrepò Pavese einführte. 1905 wurde dort die Genossenschaftskellerei Santa Maria della Versa gegründet, die heute zu den wichtigsten Spumanteherstellern Italiens zählt. Nur drei Jahre nach Erscheinen des ersten Spumante wurde 1868 die »Società Enologica« (»Önologische Gesellschaft«) in Conegliano Veneto gegründet. Antonio Carpenè, einer der Gründer der Gesellschaft, verarbeitete als erster Rebsorten aus dem Trentino (Pinot noir, Pinot blanc und Chardonnay) zu Spumante und machte mit seinem Beispiel schon bald Schule. 1902 wurde denn in Trient auch die Kellerei Giulio Ferrari gegründet, die heute wohl als die größte und renommierteste Spumantekellerei gilt.

Zahlreiche Kellereien, die wir hier nicht alle einzeln aufzählen können, entstanden Ende des neunzehnten und Anfang des zwanzigsten Jahrhunderts in Italien. Denn das Land erlebte zu jener Zeit einen regelrechten Spumante-Boom und verarbeitete Burgunder- sowie Char-

donnaytrauben nach der französischen Champagnermethode zu Spumante. In der Tat trugen diese Weine auf dem Etikett den Vermerk »metodo champenois«. Vor einigen Jahren gab der Internationale Gerichtshof in Den Haag jedoch dem Antrag der französischen Regierung statt, die Verwendung des Begriffs »champenois« ausschließlich auf Weine, die tatsächlich aus der Champagne kommen, zu beschränken. Seit 1992 liest man deshalb auf ialienischen Schaumweinetiketten nun »metodo classico«. Die »klassische Methode« steht für das Originalverfahren mit der zweiten Flaschengärung.

Der Anteil an italienischem Spumante, der nach dem klassischen Verfahren hergestellt wird, ist jedoch sehr gering (weniger als zehn Prozent der Weltproduktion) und konzentriert sich auf die Weinbaugebiete Oltrepò Pavese, Franciacorta, Trentino und Südtirol. Italienischer Spumante wird größtenteils nach der Methode des französischen Technikers Charmat hergestellt.

Die Charmatmethode

Seit Mitte des neunzehnten Jahrhunderts arbeitete man in Frankreich nach einer kostengünstigeren Methode zur Champagnerherstellung. Man überlegte, daß das, was in den einzelnen Flaschen vor sich ging, auch in einem größeren und hermetisch verschlossenen Behälter passieren müßte. So begann man mit der Konstruktion von Autoklaven, in denen der Grundwein durch Zusatz von Zucker und Hefe einer zweiten Gärung unterzogen wurde. Die ersten Versuche dieser Art der Schaumweinherstellung gehen auf das Jahr 1851 zurück, und nach und nach wurde diese vielversprechende Methode von französischen und italienischen Technikern verbessert. Charmat brachte dann 1907 die entscheidende Neuerung, die die Champagnerherstellung in industriellem Maßstab ermöglichte. In Italien arbeiteten vor allem die Gebrüder Etile und Antonio Carpenè an der Weiterentwicklung dieser Methode, die vor etwa fünfzig Jahren

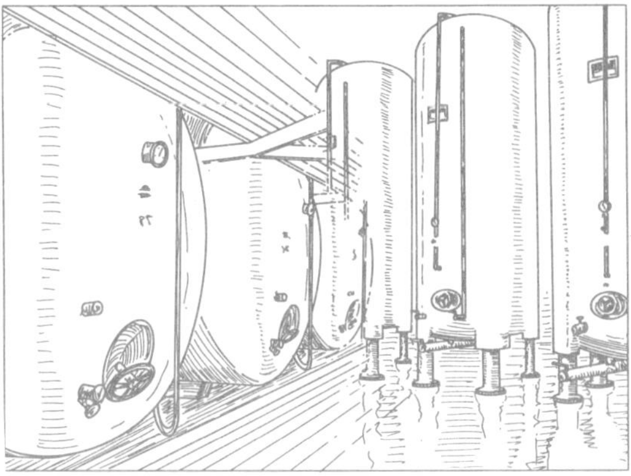

vollkommen automatisiert wurde. Die Charmatmethode ist besonders für aromareiche Trauben geeignet. Die zweite Gärung im Autoklav erfolgt viel schneller als in der Flasche, weshalb der Wein viel weniger Kontakt mit dem Niederschlag hat. Auf diese Weise bleiben die aromatischen Bestandteile der Traube – zum Beispiel bei den Rebsorten Moscato und Prosecco – in konzentrierter Form erhalten und tragen somit zu einem vollen Bouquet bei. Gerade die unterschiedlichen Charakteristiken der einzelnen Rebsorten führten schließlich zur Entwicklung einer »kurzen« Charmatmethode für aromatische Trauben und einer »langen« Methode für die Sorten Pinot und Chardonnay, die im Gegensatz zur Moscato-, zur Prosecco- und zu anderen Trauben länger auf der Hefe liegen müssen, bis sie jenen typischen Hefeton annehmen, der ihren Duft stärker betont. Die Dauer der Charmatmethode hat jedoch keinen Einfluß auf die

Herstellung des Grundweins, die dem Vorbild der Champagne erfolgt. Im auf die Lese folgenden Frühjahr wird der Grundwein in sogenannte Autoklaven gepumpt. Diese großen zylindrischen Behälter können hermetisch verschlossen werden und halten selbst hohem Druck stand. Dem Grundwein werden natürlich auch hier Tiragelikör und bestimmte Hefen zugesetzt, um die Schaumweingärung auszulösen. Die Autoklaven besitzen ein System zur Temperatursteuerung, damit die zweite Gärung konstant bei 12–13° Celsius ablaufen kann. Dieser Prozeß dauert ungefähr zwölf bis vierzehn Tage. Danach setzen die unterschiedlichen Verfahren für die kurze bzw. lange Charmatmethode ein. Bei der kurzen Charmatmethode wird der Wein sofort in einen zweiten Autoklav gepumpt und auf 4° Celsius heruntergekühlt, damit er sich stabilisieren kann. Beim Umfüllen wird der Spumante gefiltert und der Trub herausgeschleudert. Wie bei der klassischen Champagnermethode setzt man dann je nach gewünschtem Spumantetyp die entsprechende Dosage zu. Nach zehn Tagen im Kühltank kann der Spumante auf Flaschen gezogen werden. Das Umfüllen von einem Tank in den anderen und später die Flaschenabfüllung müssen isobar erfolgen. Dazu schließt man einen speziellen Apparat an, der den Druck stets auf dem gleichen Niveau hält und damit das Entweichen der Kohlen-

säure verhindert. Nach der Flaschenabfüllung wird der Spumante biologisch stabilisiert. Dieses Verfahren wurde 1936 von den Gebrüdern Carpenè entwickelt. Die Flaschen werden vier Stunden lang in 35° Celsius warmes Wasser getaucht und danach wieder auf Raumtemperatur abgekühlt. Dadurch wird die Tätigkeit der Hefen blockiert, ohne die Hefen selbst zu zerstören. Nach einer Ruhezeit im Keller von zwei bis drei Monaten können die Flaschen dann auf den Markt gebracht werden.
Bei der langen Charmatmethode ruht der Wein nach der zweiten Gärung noch neun bis zwölf Monate bei Raumtemperatur auf der Hefe. Ein Rührwerk im Autoklav verhindert, daß sich die Hefe absetzen kann. Erst zwei bis drei Wochen vor dem Umfüllen kommt jegliche Bewegung im Tank zum Stillstand. Nun folgen die selben Verarbeitungsschritte wie bei der kurzen Methode: Klärung, Umfüllen in den Kühltank und Flaschenabfüllung.

Italienischer Spumante

Italien ist ein bedeutendes Erzeugerland für Schaumweine, und in den letzten Jahren dehnte sich die Herstellung von den klassischen Spumante-Regionen im Norden über die ganze Halbinsel aus. Spumante nach der klassischen Methode wird jedoch nach wie vor in den traditionellen Spumantegebieten im Norden Italiens, d. h. Oltrepò Pavese, Franciacorta, Veneto, Trentino und Südtirol, hergestellt. 1994 wurden knapp 115 Millionen Flaschen Spumante (davon 15 Millionen nach der klassischen Methode) allein auf dem italienischen Binnenmarkt abgesetzt und weitere hundert Millionen Flaschen exportiert. In den vierhundert Spumantekellereien des Landes werden nicht nur die klassi-

schen Champagnertrauben Pinot und Chardonnay verarbeitet, sondern auch die Weißweinsorten Moscato, Malvasia, Fiano, Cortese, Prosecco, Verdicchio, Riesling und die roten Rebsorten Freisa, Aglianico, Nebbiolo, Lambrusco, Sangiovese und Barbera (um nur die wichtigsten zu nennen).
Wir können hier keine detaillierte Karte aller italienischen Spumantehersteller zeichnen und beschränken uns im folgenden daher auf die traditionsreichen Spumanteregionen im Norden. Nichtsdestoweniger gibt es auch in »untypischen« Landesteilen ausgezeichneten Spumante aus vielleicht ungewöhnlichen Trauben.

Das Istituto Italiano Spumante Metodo Classico

1975 schloß sich eine Gruppe von Kellereien, die Spumante nach der Champagnermethode herstellten, zu einer Institution zusammen, die einerseits dem Verbraucher eine gewisse Qualitätsgarantie bieten konnte und andererseits einem Produkt, das damals vom Gesetzgeber noch nicht hinreichend geschützt war, zu Ansehen verhelfen wollte. So entstand das »Istituto Italiano Spumante Metodo Classico", dem heute acht bedeutende Kellereien angehören: Antinori, Banfi, Bisol, Carpenè Malvolti, Cavit, Fontanafredda, Martini & Rossi und

Rotari. Die Mitglieder unterliegen strengen Herstellungsbestimmungen und der ständigen Kontrolle durch das Weinbauinstitut der katholischen Universität in Piacenza, das die Qualität der Weine garantiert. Die Statuten schreiben unter anderem die Art und die Herkunft der Trauben vor, die zur Herstellung von Spumante verwendet werden dürfen. Der Spumante muß aus mindestens fünfundachtzig Prozent Pinot- (noir, blanc und gris) und Chardonnaytrauben gewonnen werden, die aus dem Oltrepò Pavese, der Franciacorta, Trentino oder Südtirol oder aus Serralunga d'Alba in Piemont kommen müssen. Trauben aus ebenen Anbauflächen oder aus Talböden sind nicht zulässig, weil sie keine geeigneten Grundweine hervorbringen.

Der gesamte Herstellungsprozeß von der Schaumweingärung bis zur Reifung auf den Hefen muß nach der klassischen Champagnermethode erfolgen, Flaschengärung und Rüttelpulte eingeschlossen. Die Reifezeit von der Flaschenabfüllung bis zum Degorgieren beträgt mindestens fünfzehn Monate (24 Monate für Jahrgangs-Spumante).

Weitere Konsortien

Nach dem Beispiel des »Istituto Italiano Spumante Metodo Classico« entstanden in den Anbaugebieten von Pinot und Chardonnay weitere Konsortien und Erzeugerverbände, von denen wir hier kurz die wichtigsten nennen.
1984 wurde im Oltrepò Pavese die »Associazione Produttori del Classese« gegründet, der derzeit vierzehn Erzeuger von Spumante classico angehören. Die Statuten schreiben vor, daß die Trauben ausschließlich aus Weingärten mit der amtlichen Ursprungsbezeichnung Oltrepò Pavese kommen. Der Grundwein muß mit mindestens fünfundachtzig Prozent Pinot noir und höchstens fünfzehn Prozent Pinot gris hergestellt werden. Gärung und Reifung erfolgen ausschließlich in der Flasche, die Reifezeit beträgt mindestens vierundzwanzig Monate, achtzehn davon auf der Hefe. Auch in diesem Fall garantiert das Weinbauinstitut der katholischen Universität

Piacenza die Qualität. Die Erzeugergemeinschaft produziert jährlich etwa vierhunderttausend Flaschen Spumante.
1984 entstand auch das »Istituto Trento Metodo Classico«, um die bedeutende Schaumweinproduktion des Trentino, die um die Jahrhundertwende mit Giulio Ferrari ihren Anfang nahm, zu schützen. Dem Konsortium gehören einundzwanzig Kellereien an, die jährlich fünf Millionen Flaschen erzeugen. 1993 wurde ihr Engagement mit der Einführung des DOC-Prädikats für ihren Spumante belohnt. (Weltweit sind nur zwei klassische Schaumweine durch eine amtliche Ursprungsbezeichnung geschützt.) Die Produktionsbestimmungen sind streng und regeln sämtliche Schritte der Weinlese und der Verarbeitung der Trauben. Für den Spumante Trentino Classico dürfen die Rebsorten Chardonnay, Pinot blanc, Pinot noir und Pinot meunier verwendet werden. Chardonnay stellt mit 80–90 Prozent den größten Anteil. Die Reifezeit beträgt mindestens vierundzwanzig Monate, wovon achtzehn auf der Hefe erfolgen. Ein Jahrgangsspumante bleibt mindestens vierundzwanzig Monate auf der Hefe und kommt frühestens sechsunddreißig Monate nach der Lese in den Handel.
Auch die Franciacorta schützt ihre Schaumweine mit dem »Consorzio Vini Franciacorta«, das die Beachtung der strengen Produktionsbestimmungen durch die Mitgliedskellereien über-

wacht. Der Franciacorta VSQPRD (Vino Spumante di Qualità Prodotto in Regione Determinata, in etwa: Qualitätsschaumwein aus einem bestimmten Ursprungsgebiet) darf nur nach dem klassischen Verfahren mit Flaschengärung und aus den Rebsorten Chardonnay, Pinot blanc, Pinot noir und Pinot gris gewonnen werden. Beim Rosé muß der Anteil an Pinot noir mindestens zehn

Prozent betragen. Der Franciacorta Spumante muß mindestens fünfundzwanzig Monate (Jahrgangsweine siebenunddreißig Monate) ab der Lese reifen.

Asti Spumante

1994 war für den Asti Spumante ein bedeutendes Jahr, denn dem Wein wurde der Status einer DOCG (Denominazione d'Origine Controllata e Garantita – kontrollierte und garantierte Ursprungsbezeichnung) verliehen. Der Asti Spumante stellt in der Welt der Schaumweine eine Besonderheit dar. Er wird ausschließlich in Italien hergestellt und besitzt einen unverwechselbaren Duft und einen unnachahmlichen Geschmack. Asti Spumante wird reinsortig aus weißen Muskatellertrauben hergestellt, die in zweiundfünfzig Gemeinden in den piemontesischen Provinzen Alessandria, Asti und Cuneo gedeihen. Der Asti Spumante gilt als der aromatische Schaumwein schlechthin und nimmt allein vierundzwanzig Prozent der italienischen und immerhin fünf Prozent der weltweiten Schaumweinproduktion ein. 1994 wurden vierundachtzig Millionen Flaschen Asti Spumante hergestellt, von denen vierundsechzig Millionen für den Export und zwanzig Millionen für den italienischen Markt bestimmt waren.
Die Herstellung von Asti Spumante unterscheidet sich in einem wesentlichen Punkt von den anderen beiden Schaumweinverfahren. In der Tat müssen dem Wein für die zweite Gärung weder Zucker noch Hefe zugesetzt werden. (In schlechteren Jahrgängen, in denen die Trauben nicht genügend Zucker enthal-

ten, wird allerdings auch dem Asti Zucker zugesetzt.) Der Asti ist das Produkt einer ersten alkoholischen Gärung, die künstlich zum Stillstand gebracht wird, indem man den Most auf –1 °Celsius abkühlt. Danach erhöht man die Temperatur wieder, damit die Gärung wieder in Gang kommt. Abschließend wird die Hefe aus dem Wein herausgeschleudert. Wenn der Grundwein einen Alkoholgehalt von 6–6,5 Prozent erreicht und noch rund zehn Prozent Restzucker aufweist, wird er in absolut dichte Stickstofftanks (die die Oxidation verhindern) umgefüllt, wo er bis zur eigentlichen Verarbeitung zu Schaumwein bleibt. Dieser Prozeß erfolgt dann in riesigen Tanks, in denen der Wein in zwei bis drei Wochen einen Druck von vier bis fünf Atmosphären erreicht. Nun folgt man bis zur Fla-

schenabfüllung der kurzen Charmatmethode.
Dem »Consorzio dell'Asti« gehören derzeit hundertzwanzig Handelshäuser, Groß- und Genossenschaftskellereien sowie kleine Winzerbetriebe an.

Prosecco und Cartizze

Prosecco ist eine typische Rebsorte aus dem Veneto und wird vor allem in der Gegend um Valdobbiadene angebaut. Die Prosecco ergibt einen trockenen und besonders fruchtigen Weißwein, der jung getrunken wird. Duftigkeit und Frische zeichnen denn auch den aus der Prosecco gewonnenen Spumante aus. Prosecco Spumante ist seit 1969 eine

amtliche Ursprungsbezeichnung 1994 wurden mehr als neunzehn Millionen Flaschen allein in Italien verkauft.
Prosecco Spumante DOC stammt aus den Gemeinden Valdobbiadene und Conegliano. Ein noch feinerer Spumante stammt aus bestimmten Lagen in der Gemarkung Valdobbiadene. Dieses Gebiet heißt Cartizze, wo aufgrund eines besonderen Kleinklimas Proseccotrauben von höherer Qualität gedeihen. Der einzige Unterschied zwischen Prosecco und Cartizze besteht also im Klima und in der Bodenbeschaffenheit, nicht aber in der Verarbeitung. Prosecco Spumante wird nach der kurzen Charmatmethode gewonnen. Auch die Proseccotraube verträgt den Kontakt mit dem Niederschlag nicht besonders gut. Der Grundwein bleibt deshalb höchstens 20–25 Tage im Autoklav, damit die typische Fruchtigkeit und Frische nicht verloren gehen. Einige Hersteller verarbeiten die Proseccotrauben allerdings auch nach der klassischen Methode mit einer zweiten Flaschengärung. Dadurch wird der Spumante trocken und verliert seinen typischen Duft. Für die Herstellung von Prosecco Spumante und Cartizze werden Proseccotrauben verwendet, denen bis zu fünfzehn Prozent Verdiso, Pinot blanc, Pinot gris und Chardonnay beigemengt werden dürfen. Der Prosecco muß einen Mindestalkoholgehalt von zehn Prozent, der Cartizze zehneinhalb Prozent aufweisen.

407

CHAMPAGNER UND SPUMANTE ZWISCHEN TRADITION UND PHANTASIE

Es muß sprudeln

Nur wer keine Phantasie besitzt, findet keinen guten Grund, Champagner zu trinken«, stellte Oscar Wilde fest. Sein Ausspruch gilt noch heute, denn es gibt immer einen Grund, Champagner oder Spumante zu trinken. Champagner, Sekt und Spumante verbindet man immer mit einer festlichen Stimmung, mit einer Jubiläumsfeier, mit einem Fest unter Freunden, mit der Liebe – und deshalb gibt es unendlich viele Gründe, Champagner zu trinken. Deshalb können wir hier keine Liste mit passenden Gelegenheiten aufstellen. Beim Wein folgt man am besten dem persönlichen Geschmack und gönnt sich einen – wenn auch nur kurzen und flüchtigen – Augenblick des Genusses.

Aus dieser Vorbemerkung geht bereits hervor, daß man auch keine genauen Angaben zu Ort und Zeitpunkt machen kann. Denn eine Flasche Champagner kann man immer und überall köpfen:

daheim, im Restaurant, bei einem Picknick, zum Aperitif. Lassen Sie einfach Ihrer Phantasie freien Lauf.
Ein paar Regeln gibt es jedoch. In vielen Ländern wird der Champagner gerne zum Abschluß einer Mahlzeit oder zum Dessert gereicht. Ein Champagne pas dosé, ein brut oder ein sec verträgt sich jedoch nicht besonders gut mit Süßigkeiten und hat eine andere Begleitung verdient. Hier nun ein paar Vorschläge.

Champagner und seine Begleiter

Champagner und Spumante Classico Brut passen zu vielen Speisen; davon ausgenommen sind deftige Gemüsesuppen, schwere Fleischgerichte (Schmorbraten und Wild), Käse, Zitrusfrüchte und Süßigkeiten. Ansonsten kann ein Brut zu einer ganzen Mahlzeit gereicht werden. Und dieser wohl vielseitigste Schaumweintyp eignet sich denn auch hervorragend als Aperitif. Ganz ausgezeichnet schmeckt der Brut zu Fischgerichten und hellem Fleisch, zu Risotto und zu den klassischen Spezialitäten wie Austern, Kaviar und Foie gras.
Dieselben Empfehlungen gelten auch für einen Champagne oder Spumante pas dosé. Ein Jahrgangschampagner, der in der Regel länger reift, paßt in diesem Fall auch zu dunklem Fleisch, zu halbfestem Käse oder Ziegenkäse. Ausgezeichnet schmeckt ein Rosé oder ein

Blanc de Noirs zu Käse und besonders zu feinen Parmesanscheibchen. Der Blanc de Blancs gibt einen hervorragenden Aperitif und Begleiter zu Vorspeisen, Fisch, Krustentieren und Meeresfrüchten ab.
Ein sog. Champagne sec wird dann schließlich zu Eis und zu nicht sehr süßen Desserts getrunken, während der demi-sec (zu dem der Prosecco gehört) als typischer Dessertwein sehr gut zu Kompott paßt. Der Prosecco aus Conegliano und Valdobbiadene paßt außerdem zu leicht süßlichen Speisen wie Scampi, Krustentieren und Seezunge. Durch den höheren Restzuckergehalt kann der Cartizze gut zu Süßspeisen, Hefegebäck und Cremetorten getrunken werden.
Champagne doux wird außerhalb seines Herstellungsgebiets nur sehr selten angeboten, paßt aber hervorragend zu Süßigkeiten aller Art, zu Torten, Kleingebäck und Mürbeteigkuchen. Asti Spumante ist leichter zu bekommen und eignet sich ebenso gut als Begleiter zu Gewürzkuchen, Marrons glacés, flambierten Desserts, Mandelkuchen, Hefegebäck und vielen anderen Süßigkeiten, bei denen sein besonders würziges Aroma schön zur Geltung kommt.

Champagnerhersteller empfehlen in der Regel, den Wein nicht allzu lange zu lagern. Wenn Champagner – oder Spumante – die Kellerei verläßt, ist er trinkreif.
Die sachgerechte Lagerung eines Champagners, d. h. bei konstant 10 Grad Celsius, im Dunkeln und absolut ruhig, ist in einem modernen Mietshaus auch nicht gerade einfach. Wegen der Transport- und Lagerempfindlichkeit von Champagner dürfte man eigentlich auch nur eine Flasche kaufen, die direkt von der Kellerei kommt und nicht in einem Ladenregal bereits den schädigenden Einflüssen des Tageslichts und falschen Temperaturen ausgesetzt war.
Die ideale Trinktemperatur liegt zwischen 6° und 9° Celsius. Die Flasche wird vorzugsweise langsam im Sektkübel auf diese Temperatur heruntergekühlt. Die Gefriertruhe ist tabu, denn nicht zuletzt kann die Flasche dort auch platzen. Im Sektkübel behält der Champagner auch die ganze Zeit seine richtige Trinktemperatur.
Kühlt man den Champagner im Kühlschrank, so muß man dafür mindestens zwei bis drei Stunden veranschlagen. Eine Champagnerflasche sollte auch nicht zu lange im Kühlschrank lagern, denn dort ist sie zahlreichen Temperaturschwankungen und Erschütterungen ausgesetzt.

Eine Champagnerflasche wird langsam und sorgfältig geöffnet. Nach Entfernen des Drahtkorbs hält man mit der einen Hand den Korken fest, mit der anderen dreht man vorsichtig die Flasche, bis sich der Korken lockert. Auch wenn ein knallender Korken Heiterkeit auslöst – so etwas schadet dem Wein, weil der Druck in der Flasche zu schnell absinkt und die Kohlensäure heraussprudelt. Ein Teil

der Perlage – schließlich das Ergebnis eines langen und mühsamen Herstellungsprozesses – geht verloren.

Die Qualität eines Champagners oder eines Spumante erkennt man nicht zuletzt an der Dimension und der Beständigkeit der Perlen. Je feiner und dichter die Perlage, um so besser der Champagner.

Deshalb serviert man Champagner und Schaumwein im allgemeinen vorzugsweise in einer Flûte oder einem schmalen Sektkelch, welche die Perlage betonen, länger bewahren und das Bouquet

konzentrierter vermitteln. Eine Sektschale verwendet man dagegen für den Asti Spumante und den Cartizze, deren Aromareichtum sich in einem weiten Glas besser entfalten kann.
Abschließend noch drei Grundregeln, die man immer beachten sollte und die für jeden Champagner- oder Spumantetyp gelten:
Nie Eis ins Glas geben; Flûte oder Schale nur am Stiel halten, damit das Glas nicht durch die Hände erwärmt wird; niemals jenes Folterinstrument namens Quirl verwenden und damit die Perlage aufführen. Champagner ist ein ausgezeichneter Freund, der alles toleriert – nur keine Verbrechen.

FRANCE-CHAMPAGNE
E. DEBRAY
PROPRIÉTAIRE
LA HAUBETTE-TINQUEUX-LEZ-REIMS
BUREAU DE REPRÉSENTATIONS
8, RUE DE L'ISLY PARIS
Imp. Edw. ANCOURT & Cie 83 Faub. St Denis, PARIS

REZEPTE

Gebackene Weinblätter

Zutaten: 300 g Mehl, 180 ml Spumante brut, 2 Eigelbe, je 1 Prise Salz und Zimt, 30 zarte Weinblätter, Öl zum Backen
Aus den Zutaten einen relativ flüssigen Backteig herstellen. Die Weinblätter einzeln in den Teig tauchen und in heißem Öl ausbacken.

Hummer- und Krabbenhäppchen

Zutaten: 3 Knoblauchzehen, 150 ml Olivenöl, 1 Teelöffel Weißweinessig, 1 Hummer, ca. 1 kg schwer, 300 g geschälte Krabben, 150 ml Prosecco, Salz, Pfeffer, 50 g gehackte Petersilie

Den Knoblauch zerstoßen und zwölf Stunden in Öl und Essig ziehen lassen. Den Hummer in kochendes Wasser tauchen und zwanzig Minuten garen. Das Fleisch aus dem Panzer und aus den Scheren lösen und in mundgerechte Stücke zerteilen. Die Krabben im Prosecco garen. Den Knoblauch aus dem Ölgemisch entfernen und wegwerfen. Das Ölgemisch langsam erwärmen und mit Salz und Pfeffer würzen. Krabben und Hummerstückchen auf vorgewärmte Schalen verteilen, das aromatisierte Knoblauchöl darübergießen und mit der gehackten Petersilie bestreuen.

Champagnercrostini

Zutaten: 250 g Hühnerlebern, 20 g Mehl, Salz, weißer Pfeffer aus der Mühle, 80 g Champignons, 30 g Räucherspeck, 2 Koblauchzehen, 100 ml Champagne brut, Weißbrotscheiben
Die Hühnerlebern putzen und im Mehl wenden, salzen und pfeffern. Die Pilze säubern und in feine Scheiben schneiden. Den Räucherspeck würfeln und in

einer Pfanne bei milder Hitze ausbraten. Den Knoblauch hinzufügen und andünsten. Nun die Hühnerlebern hinzugeben und bei kräftiger Hitze rundum anbraten. Die Pilze dazugeben und ein paar Minuten mitdünsten. Die Pfanne vom Herd nehmen und abkühlen lassen. Die Lebermischung in der Küchenmaschine pürieren. Den Champagner hinzugießen, bis eine gleichmäßige Creme entsteht. Eine Stunde kühl stellen.
Die Weißbrotscheiben kurz rösten und mit der Creme bestreichen.

Zwiebelsuppe mit Spumante

Zutaten: 500 g Zwiebeln, 50 g Butter, Salz, 1 Prise Cayennepfeffer, 1/2 l Spumante brut, 300 g geriebener Gruyerzer, 4 Eigelbe, 1 Glas Marsala, geröstete Weißbrotscheiben
Die Zwiebeln pellen und in feine Ringe schneiden. Die Butter in einer weiten Pfanne zerlassen und die Zwiebelringe darin glasig dünsten. In einen Suppentopf umfüllen und mit einem dreiviertel Liter Wasser aufgießen. Salzen und mit

Cayennepfeffer würzen. Einen halben Liter Spumante hinzufügen und langsam zum Kochen bringen. Bei milder Hitze etwa dreißig Minuten durchköcheln. Den geriebenen Käse in einer Pfanne zerlassen. Die Eigelbe mit dem Marsala verquirlen und unter den geschmolzenen Käse rühren. Die Suppe vom Herd nehmen und die Käsemischung einarbeiten. Suppenschalen mit Weißbrotscheiben auslegen und mit der Suppe übergießen. Heiß servieren.

Tagliatelle di mare al Prosecco

Zutaten: 900 g gemischte und geputzte Meeresfrüchte, 1/4 l Prosecco, 50 ml Olivenöl, 2 Knoblauchzehen, Salz, Pfeffer, 500 g Tagliatelle, 2 EL Petersilie

Scampi und Krabben im Prosecco garen. Den Kochsud auffangen und die Krustentiere schälen. Die übrigen Muscheln mit Öl und gehacktem Knoblauch sautieren. Die Muscheln herausheben und den Fond durchseihen. Kochsud und Fond verrühren und alle Meeresfrüchte untermengen. Die Tagliatelle al dente kochen. Mit den Meeresfrüchten anrichten, den Sud darüberträufeln und mit gehackter Petersilie garnieren.

Risotto ai funghi e spumante

Zutaten: 400 g Steinpilze, Spumante brut, 50 ml Olivenöl, 1 Knoblauchzehe, 1 kleine Chilischote, 350 g Risottoreis, ca. 1/2 l Brühe, 1 EL Butter, gehackte Petersilie, 100 g geriebener Parmesan
Die Pilze putzen und in feine Scheiben schneiden. In eine Dose schichten und mit Spumante bedecken. Das Gefäß verschließen und die Pilze zwei Tage im Kühlschrank darin ziehen lassen.
Das Olivenöl in einem Topf erhitzen und mit der ganzen Knoblauchzehe und der Chilischote aromatisieren. Die Pilze abtropfen lassen (Spumante auffangen) und in den Topf geben. Pilze bei milder Hitze dünsten, nach einigen Minuten Knoblauch und Chili herausfischen. Nun den Reis hinzufügen und kurz anrösten. Den Spumante der Steinpilzmarinade angießen und auf ein Drittel einkochen

lassen. Nach und nach Brühe aufgießen, bis der Reis weich, aber noch bißfest ist. Butter, Petersilie und Parmesan einarbeiten und vor dem Servieren einige Minuten durchziehen lassen.

Lachs in Spumantesauce

Zutaten: 100 g Speck, 6 Tranchen Lachs, 50 g Butter, 1 Zwiebel, 1 Karotte, 1 Kräutersäckchen mit Petersilie, Rosmarin und Lorbeer, 1 Flasche Spumante brut, 200 ml Sahne, Pfeffer, Salz.
Den Speck in kleine Stifte schneiden und die Lachsscheiben damit spicken. Die Hälfte der Butter in einer ofenfesten Form zerlassen. Zwiebel und Karotte in feine Ringe schneiden und darin andünsten, das Kräutersäckchen ebenfalls in der heißen Butter schwenken. Die Lachsscheiben hineinschichten und mit dem Spumante sowie einem halben Liter Wasser übergießen. Salzen und pfeffern. Die Form abdecken und in das heiße Backrohr schieben. Den Lachs rund 45 Minuten garen; dabei ab und zu mit dem Kochsud begießen.

Die gegarten Lachsscheiben auf einer Servierplatte anrichten und warm stellen. Den Kochsud durchseihen und in einem Topf auffangen. Bei lebhafter Hitze einkochen lassen und abschließend mit der restlichen Butter und der Sahne verfeinern. Die Lachsscheiben mit etwas Sauce übergießen und servieren. Die restliche Sauce gesondert dazu reichen.

Barsch in Champagner

Zutaten: 6 Portionsfische, 1/2 Flasche Champagne brut, etwas Brühe bzw. Fischfond, 1 kleines Bund Petersilie, 2 Knoblauchzehen, 4 Perlzwiebeln, 3 Gewürznelken, 1 Zweig Basilikum, Salz, Pfefferkörner, 2 Eßlöffel Olivenöl, 50 g Butter, 1 Eßlöffel Mehl, Saft einer Zitrone

Die Barsche putzen und ausnehmen. Die Fische in einen Fischbräter schichten und mit Champagner und Brühe oder Fischfond bedecken. Petersilie, Knoblauch, Zwiebelchen, Nelken, Basilikum, Salz, Pfefferkörner und Öl hinzufügen. Den Sud langsam zum Kochen bringen und Fische bei sanfter Hitze garen. Die Fische herausheben und warm stellen. Den Kochsud durchseihen und auf lebhafter Flamme einkochen. Mit Butter und Mehl binden und mit Zitronensaft verfeinern. Die Fische häuten und mit der Sauce übergießen. Heiß servieren.

Kalbsbraten in Champagnercreme

Zutaten: Olivenöl, Senf, Pfefferkörner, Salz, frische Kräuter, Zitronensaft, 200 und 50 ml Champagne brut, 500 g Kalbsfilet

Öl, Senf, Pfeffer, Salz, Kräuter, Zitronensaft und Champagner verrühren und langsam zu einer sämigen Sauce verköcheln. Das Kalbfleisch in Scheiben schneiden und in eine weite Pfanne schichten. Mit der Sauce übergießen und sanft braten. Wenn das Fleisch gar ist, auf einer Bratenplatte anrichten und mit der Sauce überziehen. Vor dem Servieren mit ein paar Spritzern Champagner aromatisieren.

Kalbshaxe in Prosecco

Zutaten: 100 ml Olivenöl, 100 g Butter, knapp 2 kg Kalbshaxen, 1 Knoblauchzehe, Salz, Pfeffer, 1 Flasche Prosecco
Öl und Butter mit der Knoblauchzc-hein einem Bräter erhitzen. Die Kalbshaxen darin kräftig anbraten. Salzen, pfeffern und aromatisieren. Mit einem Glas Prosecco ablöschen und den Bräter verschließen. Wenn die Flüssigkeit verkocht, glasweise Prosecco nachgießen. Wenn der Prosecco aufgebraucht ist, abschöpfen und das Fleisch mit Bratenfond begießen, bis die Kalbshaxen gar sind. Nach Wunsch Kartoffeln im Fond mitgaren.

Perlhuhn in Champagner

Zutaten: 1 Perlhuhn, 1 Scheibe Speck, Salz, Pfeffer, 50 g Butter, 200 g Champignons, 150 ml Sahne, 1/4 l Champagner
Das Perlhuhn mit Speck, Salz und Pfeffer einreiben. 35 g Butter erhitzen und das Perlhuhn darin kräftig anbraten. Das Fleisch rund 45 Minuten zugedeckt garen. Die Champignons putzen und in der restlichen Butter andünsten. In den Schmortopf geben und im Bratenfond schwenken. Fleisch und Pilze mit Champagner und Sahne übergießen. Etwas einkochen lassen, das Perlhuhn in Portionsstücke zerteilen und mit der Champagnersauce servieren.

Zitronensorbet mit Asti Spumante

Zutaten: 350 g Zucker, 200 ml Wasser, die feingeriebene Schale von 4 Zitronen, Saft von 5 Zitronen, 1 Flasche Asti Spumante, 1 Prise Salz, 2 Gläschen Rum
Zucker und Wasser in einen Topf geben und erhitzen, aber nicht zum Kochen bringen. Sobald sich der Zucker aufgelöst hat, vom Herd nehmen, in eine Schüssel umgießen und abkühlen lassen. Die geriebene Zitronenschale und den Zitronensaft unterrühren. Mindestens eine Stunde ziehen lassen, dann durch ein feines Sieb streichen. Mit Asti Spumante aufgießen. Eine Prise Salz und etwas zerstoßenes Eis hinzufügen und alles in der Eismaschine gefrieren lassen. Kurz vor Ende des Gefriervorgangs den Rum hinzugießen und einige Minuten einarbeiten.

Crêpes mit Schaumweinkompott

Zutaten: Für die Crêpes: 4 Eier, 100 g Zucker, 150 g Mehl, 1/2 l Milch, 40 ml Cognac, Fett zum Ausbacken

Für die Creme: 1 l Milch, 300 g Zucker, die abgeriebene Schale einer Zitrone, 150 g gesiebtes, doppelgriffiges Mehl, 6 Eigelbe

Für das Kompott: 3 Äpfel, 3 Birnen, 100 g Pflaumen, die in Streifen geschnittene Schale von je einer unbehandelten Zitrone und Orange, 50 g Zucker, 50 g Rosinen, 1/2 l Schaumwein

Crêpes: Eier, Zucker und Mehl gut vermengen, dann die Milch und den Cognac hinzugießen. Portionsweise in heißem Fett ausbacken und beiseite stellen.

Creme: Dreiviertel Liter Milch mit dem Zucker und der Zitronenschale aufkochen. Das Mehl mit der restlichen Milch verrühren. Sobald die Milch kocht, die Eigelbe und die Mehlmischung mit einem Schneebesen sorgfältig einrühren und eindicken lassen.

Kompott: Das Obst schälen und kleinschneiden und zusammen mit den übrigen Zutaten in einen Topf geben und weich kochen. Vom Herd nehmen und abkühlen lassen.

Crêpes in eine gebutterte Auflaufform schichten, auf jede Crêpe etwas Kompott und eine Portion Creme setzen. Mit einer Schicht Crêpes abdecken und so fortfahren, bis alle Zutaten aufgebraucht sind. Drei Stunden kühl stellen, dann auf einer Servierplatte anrichten.

Fruchtpudding mit Champagner

Zutaten: 50 g Rosinen, 2 Gläschen Rum, 800 g Äpfel, Birnen und Bananen, 150 g Zucker, 100 ml Champagne brut, 150 g Amaretto-Makronen, 2 Eier, 1 Eßlöffel Butter, 100 g Aprikosenkonfitüre, 1 Gläschen Maraschino

Die Rosinen in etwas Rum einweichen. Das Obst schälen und in kleine Stückchen schneiden. Zusammen mit dem Zucker und dem Champagner weich kochen. Durch ein Sieb streichen und in eine Schüssel füllen. Gut auskühlen lassen, dann die Amaretti zerreiben und untermengen. Die Eier trennen, Eigelbe sofort in die Obstmasse rühren. Eiweiß steif schlagen und unterziehen. Eine Puddingform großzügig buttern und die Masse einfüllen. Im Wasserbad vierzig Minuten garen. Pudding abkühlen lassen und auf eine Servierplatte stürzen. Ein paar Stunden kühl stellen. Die Aprikosenkonfitüre mit dem restlichen Rum und dem Maraschino verrühren und den Pudding damit bestreichen.

Ananasbowle

Zutaten: 1 frische Ananas, 200 g Zucker, 1 Flasche trockener Spumante

Die Ananas schälen und in mundgerechte Stückchen schneiden. In eine Schale füllen, zuckern und mit Spumante übergießen. Gut vermischen und mindestens eine Stunde kühl stellen und ziehen lassen. In Bowlegläsern oder – wer sich traut – in der Ananasschale servieren.

GLOSSAR UND BIBLIOGRAPHIE

Glossar

Bidule: Plastikkapsel, die vor der Schaumweingärung in den Kronkorken eingeführt wird. Dort sammelt sich die Hefe, die während der Remuage aufgeschüttelt wird. Außerdem preßt die Kapsel den Eispfropfen zusammen, der dann beim Degorgieren ausgestoßen wird.

Coupage: Verschnitt, Zusammenstellung von Weinen aus verschiedenen Trauben und verschiedenen Lagen der Champagne; dient der Komposition eines ausgewogenen Endprodukts, das dennoch die unverkennbaren Merkmale des jeweiligen Champagnerhauses trägt.

Cru: Wörtlich zu übersetzen mit »Einzellage«; steht gleichzeitig aber auch für die Bekanntheit, die Besonderheit und die Qualität einer Lage, für ihre Bodenbeschaffenheit, für ihre Rebsorten und Trauben. In der Champagne wird die Qualität der Weinlagen in Prozentstufen eingeteilt, wobci die beste Lage mit 100% definiert wird.

Cuvée: In der Champagne besitzt dieser Begriff drei verschiedene Bedeutungen: Cuvée steht für den Most, der aus der ersten Pressung gewonnen wird (aus 4000 kg Trauben erhält man 2050 l Cuvée und 500 l Taille). *Cuvée* bezeichnet aber auch die Komposition von Stillweinen aus verschiedenen Rebsorten, Crus und Jahrgängen, die dann nach Zusetzung von Zucker und Hefe der Schaumweingärung unterzogen wird. Viele Kellereien nennen außerdem ihren besten Champagner *Cuvée*.

Dégorgement: Entfernen des provisorischen Korkens und des Niederschlags, der sich während der Flaschengärung gebildet hat.

Dosage: Nach dem Degorgieren wird dem Champagner eine Lösung aus Wein und Zucker zugesetzt; der Zuckeranteil richtet sich nach dem angestrebten Grad an Süße.

Liqueur: Zur Herstellung von Champagner benötigt man zwei verschiedene Arten von *liqueur*: Unter *liqueur de tirage* versteht man die Mischung aus Zucker und Hefe, die die Flaschengärung auslöst. Mit *liqueur de dosage* (oder *liqueur d'expédition*) wird dagegen die Lösung aus Wein und Zucker bezeichnet, die dem Champagner nach dem Degorgieren zugesetzt wird, um ihn geschmacklich abzurunden.

Mannequins: Weiden- oder Plastikkörbe, die während der Weinlese verwendet werden und 70–80 kg Trauben fassen.

Perlage: Kohlensäurebildung und Perlen von Schaumweinen im Glas. Eine feine, beständige und gleichmäßige Perlage kennzeichnet einen Champagner von ausgezeichneter Qualität.

Prise de mousse: Schaumweingärung, bei der die Hefe Kohlensäure entwickelt.

Pupitre: Rüttelpult, Gestell aus zwei gelochten Holzplatten, die mit einem Scharnier verbunden sind. Die Champagnerflaschen stecken mit dem Hals in den Öffnungen und können so schrittweise gedreht bzw. gerüttelt werden.

Remuage: Rütteln, leichtes Drehen der Champagnerflaschen, wodurch der Hefesatz, der sich während der Flaschengärung bildet, in die Bidule getrieben wird. Die Remuage erfolgt in Achteldrehungen, außerdem werden die Flaschen mit einer immer stärkeren Neigung in ihre Öffnungen zurückgesteckt, bis sie am Schluß fast senkrecht stehen und der Hefesatz sich in der Verschlußkapsel konzentriert.

Bibliographie

L. Bisante, *Come fare lo spumante*, Sommacampagna, Demetra, 1991

F. Bonal, *Le livre d'or du Champagne*, Lausanne, Les éditions du Grand Pont, 1984

Champagne vino di Francia, Paris, Ed. Lallemand – CIVC, 1968

G. Forte, *I vini della gioia*, Milano, Idealibri, 1982

E. Glatre, B. Pichonat, *Champagne, le plaisir partagé*, Paris, Editions Hoebeke, 1990

L. Goldoni, *Champagne, gli interpreti di un mito*, Milano, Ed. CIVC, 1983

E. Guagnini, *Lo Champagne*, Firenze, Sansoni, 1979

E. Guagnini, *Lo spumante*, Firenze, Sansoni, 1981

L. Papo, A. Pesenti, *Spumante, una storia italiana*, Milano, Forte Editore, 1983

A. Piccinardi, G. Sassi, *Champagne & Spumanti*, Milano, Arnoldo Mondadori Editore, 1988

G. Scialpi, *Champagne*, La Spezia, Fratelli Melitta Editori, 1989

G. Stefani, *Il Prosecco e il Cartizze*, Bassano del Grappa, Ghedina & Tassotti Editori, 1986

S. Sutcliffe, *Guida allo Champagne*, Milano, Idealibri, 1989

Danksagung

Die Autorin dankt Laura Chiarini vom Istituto Italiano Spumante Mètodo Classico für ihre Unterstützung; Davide Di Corato vom Consorzio Vini dell'Oltrepò Pavese; Ornella Franco vom Consorzio dell'Asti; Barbara Grazzani von Sopexa; Donatella Plotegher vom Consorzio Spumante Trento Classico; Ornella Roccuzzo vom Consorzio Vini Franciacorta und Laura Bellinazzo für ihr Rezept der Champagnercrostini.

INHALT

Die Geschichte des Champagners

Die Herstellung von Champagner

Spumante

Champagner und Spumante zwischen Tradition und Phantasie

Rezepte

GENIESSER BIBLIOTHEK

Jeder Band entführt in die wunderbare Welt von Speisen und Getränken mit ihrer Geschichte, Verwendung und köstlichen Rezepten.

Unser gesamtes Programm finden Sie unter:
www.verlagshaus.com

FLECHSIG

GENIESSER BIBLIOTHEK

Jeder Band entführt in die wunderbare Welt von Speisen und Getränken mit ihrer Geschichte, Verwendung und köstlichen Rezepten.

Unser gesamtes Programm finden Sie unter:
www.verlagshaus.com

FLECHSIG

Printed in Italy